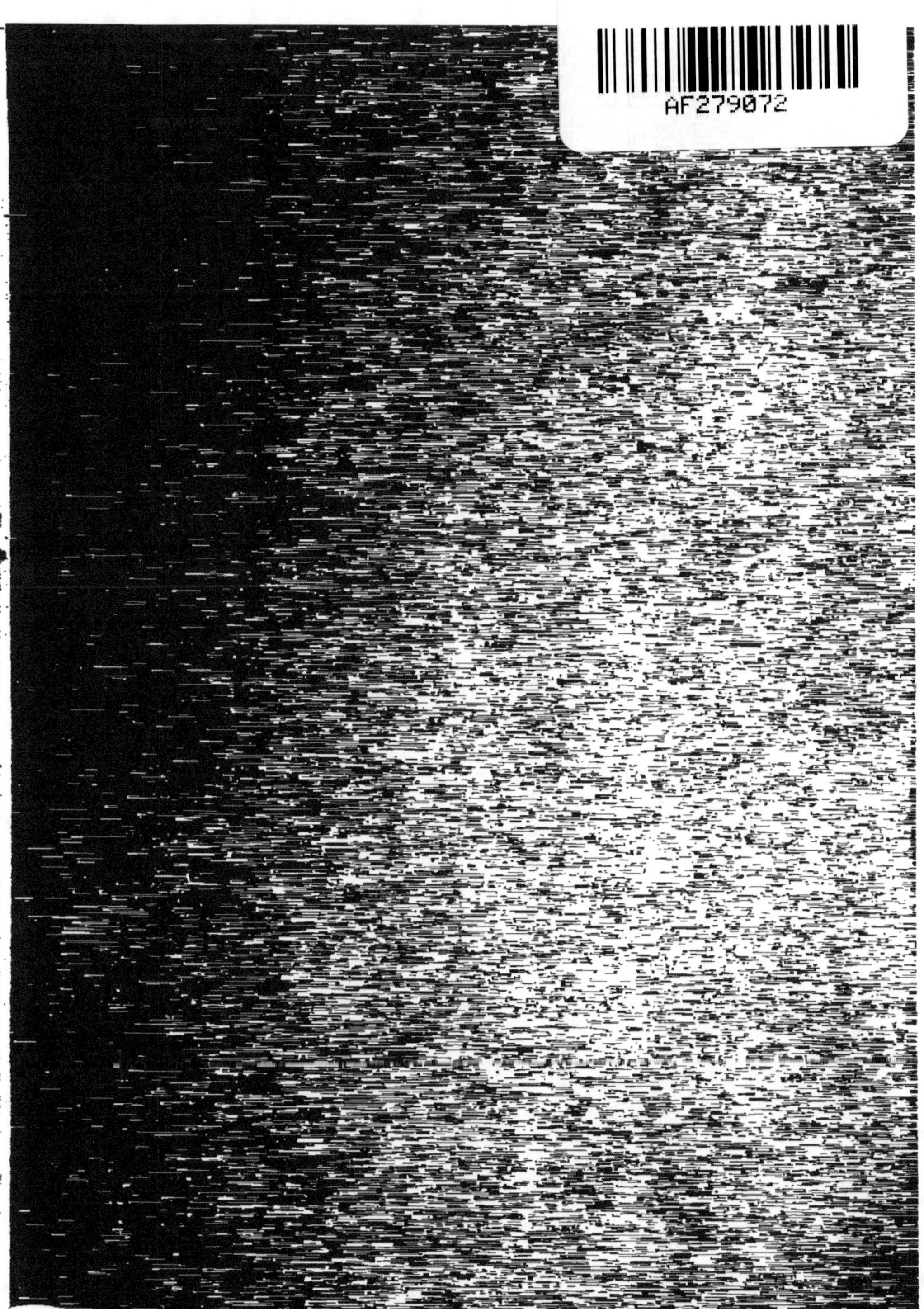
AF279072

RÉCLAMATION

A PROPOS DE L'ARTICLE

L'ÉGLISE ET LE PREMIER EMPIRE

A Monsieur le Rédacteur en chef

Auriez-vous l'obligeance d'accorder la publicité de votre journal à la réclamation historique ci-jointe, que j'avais eu l'honneur d'adresser à M. le Directeur de la REVUE DES DEUX MONDES, et que M. Buloz, avec ses aspirations libérales et ses sentiments bien connus d'urbanité, n'a pas voulu insérer dans les colonnes de son recueil ?

Veuillez agréer, Monsieur le Rédacteur en chef, avec tous mes remerciements anticipés, l'assurance de mes sentiments les plus dévoués.

Dr PROSPER DE PIETRA SANTA.

Paris, ce 20 mars 1867.

A MONSIEUR D'HAUSSONVILLE.

Monsieur,

Parent et filleul du cardinal Fesch, je viens protester contre certaines assertions contenues dans votre article de la Revue des Deux Mondes du 1er janvier 1867, l'*Église et le premier Empire*.

Loin de moi la pensée de discuter les jugements que vous portez sur les hommes et les choses de cette mémorable époque. Vous les voyez à travers le prisme de vos opinions politiques, et vous voulez juger, dans des conditions aussi défavorables, des événements et des faits qui reluisent de la plus vive splendeur.

Pour apprécier l'influence qu'un homme a pu exercer sur une période donnée, l'historien doit se préoccuper avant tout de l'ensemble de ses actes publics; puis si le sujet l'entraîne dans l'intimité de la vie privée de son personnage, avant d'accepter les assertions parfois hasardées que l'on retrouve toujours sur la route de la célébrité, il est indispensable :

1º D'étudier avec soin sa vie précédente et subséquente;

2º De ne pas attacher trop d'importance aux mémoires des contemporains qui se sont trouvés avec lui en rapports directs de lutte, d'hostilité, de malveillance.

Le jugement impartial de l'histoire sur la vie du cardinal Fesch a été formulé par d'éminents prélats; Sa Sainteté le pape Pie VII; l'abbé Emery, l'illustre supérieur général de Saint-Sulpice; le cardinal de Bonald, archevêque de Lyon; l'abbé Lyonnet, aujourd'hui archevêque d'Albi.

Le souvenir des bienfaits du cardinal Fesch vivra éternellement dans le cœur reconnaissant des Lyonnais et des habitants d'Ajaccio : les établissements qu'il a fondés, les œuvres qu'il a constituées, les missions qu'il a patronnées seront toujours là, pour marquer les traces lumineuses de son passage dans ce monde.

Il me serait facile, Monsieur, de réfuter plusieurs passages de votre article avec vos propres paroles : vous formulez sur le cardinal Fesch· un jugement sévère ; puis, serré de près par l'évidence des faits, par la logique des événements, vous lui reconnaissez certaines qualités, certain mérite, certaine influence ; mais comme cette manière de procéder pourrait fatiguer l'attention du lecteur, j'aime mieux transcrire les paragraphes qui m'ont le plus ému, en les faisant suivre de quelques réflexions.

Page 36 :

« C'est de là qu'il (Fesch) partit en qualité de commissaire des
» guerres pour accompagner son neveu pendant ses campagnes
» d'Italie. . . . . Intéressé dans les fournitures de l'armée, vivant dans
» la société habituelle des généraux et des intendants militaires, il y
» avait, sans aller jusqu'au scandale, oublié peu à peu ses habitudes de
» prêtre. »

Pour répondre à une pareille assertion, j'ai besoin de transcrire ici quelques fragments biographiques que j'emprunte à *la Vie du cardinal Fesch*, par l'abbé Lyonnet, 2 (vol. in-8º; Paris 1841).

Joseph Fesch était fils de François Fesch, capitaine dans un régiment suisse au service de Gênes, et de *dona* Angela-Maria Pietra Santa. Élevé par les Jésuites d'Ajaccio, sous la direction de l'archidiacre Lucien Bonaparte, il fut « choisi par les états de
» sa nation, non au sort mais au dépouillement des scrutins,
» pour la faveur que le roi accordait aux étudiants de la
» Corse » (bourses au séminaire d'Aix pour les jeunes Corses aspirant au sacerdoce).

A l'âge de vingt ans il quitte le grand séminaire d'Aix, où il avait obtenu de légitimes succès, pour rentrer en Corse, où il peut recueillir bientôt le bénéfice ecclésiastique de son oncle l'archidiacre.

A peine installé, le jeune chanoine s'empresse de faire le voyage de Rome *ad limina apostolorum*.

« Il prouva par sa piété, son zèle, son assiduité à l'office divin

» qu'il était digne des bienfaits de ses protecteurs. » (Monseigneur Lyonnet) (1).

La révolution éclate ; les chapitres sont supprimés. Mandé à la barre de la Convention, le général Paoli proclame l'affranchissement de l'île de Corse ; mais comme la famille Bonaparte était restée fidèle à la France, leur maison est brûlée, saccagée par les bandes anglophiles.

Madame Lætitia se sauve avec ses enfants et son frère sur un frêle esquif, et la pauvre et noble famille aborde à Marseille en juillet 1793.

La première pensée de Fesch, c'est d'aller en Suisse pour recueillir les débris de l'héritage paternel ; mais ses parents de Bâle ne veulent rien lui donner parce qu'il est *prêtre* et *catholique* (2).

C'est alors que Fesch, autant pour venir au secours de sa sœur, qui se trouvait dans un état voisin de l'indigence, que pour n'être pas lui-même à charge à qui que ce soit, sollicita un emploi civil dans l'armée des Alpes.

Trois de ses neveux étaient déjà placés, et suffisaient à leurs dépenses (Joseph comme secrétaire du commissaire ordonnateur Chandel ; Napoléon comme capitaine au 6e régiment d'artillerie ; Lucien comme garde-magasin à Saint-Maximin du Var).

Fesch garda au milieu des camps les pratiques de son état. Comme il disait exactement son bréviaire, ses neveux qui craignaient qu'on ne le surprit à prier lui dirent un jour :

« Cachez donc ce livre, il vous perdra et nous aussi. »

Voici d'ailleurs une preuve de ses véritables sentiments. Dans une conversation de Napoléon avec un jeune officier d'artillerie,

---

(1) Opinion de l'ambassadeur Pozzo di Borgo, l'ennemi le plus acharné des Bonaparte, sur le cardinal Fesch, son ancien camarade d'études :

» Son caractère bon et ouvert, ses formes douces et agréables, sa droiture » d'esprit et de cœur, tout me plut chez lui. Je n'oublierai jamais la confiance » illimitée que lui accordaient ses supérieurs. Ils faisaient cas de sa piété et de » sa religion ».

(2) Le testament du Cardinal contient un legs de 25 mille francs en faveur d'un établissement de bienfaisance créé à Bâle par son ancêtre le bourgmestre Rodolphe Fesch !!

ardent républicain, celui-ci manifestait le regret de ne pas s'être trouvé à Paris lorsqu'on égorgeait aux Carmes et à Saint-Firmin : « J'aurais pu alors arracher les entrailles d'un prêtre et boire dans son crâne. »

» Eh bien, citoyen, s'écrie Fesch, tu peux assouvir ta rage, voici un » prêtre devant toi. »

Permettez-moi, Monsieur, de relever la phrase des Mémoires du comte Miot de Mellito que vous citez comme pièce à l'appui.

« Je trouvai alors à Montebello son oncle Fesch, alors intéressé dans » les fournitures de l'armée et qui, suivant le bruit public, vivait très- » peu en prêtre, dont il ne portait pas le costume. »

L'appréciation de M. Miot est des plus malveillantes, et chacune de ses paroles trahit ces sentiments d'hostilité envers le Cardinal que l'on aperçoit à chaque page de son livre. J'en fournis une preuve entre mille.

En parlant de la mère de madame Lætitia et du Cardinal, la *dona* Angela-Maria Pietra Santa, M. Miot la fait descendre d'*une famille peu considérable de Sartène*. Or, il n'a jamais existé, et il n'existe actuellement à Sartène aucune personne de ce nom.

Plus juste ou mieux informé, M. Miot aurait appris que la famille Pietra Santa est une des plus anciennes de l'Italie. Aux livres d'or de Milan et de Gênes figurent les armoiries de Paganus Pietra Santa, *miles et capitanus Florentinorum* (800) ; de Guiscard de Pietra Santa, podestat de Florence en 1254 ; de François Pietra Santa, comte de Cantu, en 1770 ; d'André Centurione de Pietra Santa, doge de Gênes en 1543. La branche de Corse reconnaît pour chef Paolo de Pietra Santa, frère du doge André, envoyé comme *vicario*, en 1501, pour la reconstruction de la ville d'Ajaccio sur l'emplacement actuel.

Pourquoi M. Miot ne donne-t-il pas à M. Fesch le titre régulier de commissaire des guerres, qu'il avait obtenu après avoir passé quelque temps dans les grades inférieurs de l'administration ? Comment peut-il lui reprocher raisonnablement de ne pas porter l'habit ecclésiastique qu'il avait dû quitter à cette époque de crise sociale et religieuse, alors qu'il errait en Provence, cherchant des moyens de vivre et de venir en aide à sa sœur ?

Dès que le premier Consul proclame le retrait des lois de proscription, dès que surgit dans la pensée de Napoléon le projet de concordat avec le pape, Fesch quitte les rangs séculiers et il s'adresse à l'abbé Emery qui jouit de la confiance de tout le clergé catholique.

A la page 40, vous écrivez :

« On le vit se mettre avec une ferme et méritoire persévérance sous
» la direction religieuse du respectable abbé Émery, supérieur général
» de Saint-Sulpice. En peu de temps sa vie était devenue trop conforme
» aux devoirs de son état pour que sa nomination à l'archevêché de
» Lyon pût à bon droit choquer personne. »

Lorsque le concordat fut reconnu comme une loi de l'État, M. Portalis créa trois catégories de sujets pour les siéges nouvellement établis.

A la tête de la deuxième liste (prêtres catholiques qui s'étaient distingués par leurs talents, leurs vertus et leur zèle), se trouvait l'ancien archidiacre du chapitre d'Ajaccio. Il était nommé à l'archevêché de Lyon.

« M. Fesch, dit M. l'abbé Lyonnet, qui avait autant de délicatesse
» dans la conscience que de droiture dans le jugement, sentit tout le
» poids du fardeau qu'on voulait lui imposer ; aussi refusa-t-il de prime
» abord, livré à son seul instinct, les propositions qui lui furent
» faites. »

Le premier consul fit offrir alors le siége de Lyon à Mgr de Juigné, précédemment archevêque de Paris, qui vivait retiré à Augsbourg.

Sur son refus, Napoléon insista auprès de son oncle, « afin de donner aux Lyonnais un témoignage de sa satisfaction. » Mais il fallut pour vaincre sa résistance que l'abbé Emery, qui était pour lui comme pour bien d'autres, l'ange du bon conseil, intervînt dans cette affaire.

« Allez, lui dit-il, Dieu vous sera en aide ; il peut en un instant
» préparer les hommes qui doivent être les instruments de sa miséri-
» corde ; regardez comment il en a agi avec Paul qu'il destinait à l'apos-
» tolat des nations ; sa grâce supplée au temps et aux œuvres dans les
» circonstances extraordinaires. »

Plus tard, le digne abbé encourage son élève en ces termes :

« Non, non, ce n'est pas sans raison que la Providence vous a élevé
» si haut : sûrement elle a des vues particulières sur vous ; nous
» voyons avec plaisir que vous y répondez : continuez à remplir comme
» vous avez fait jusqu'à présent vos nobles destinées. »

Mgr de Bonald, archevêque de Lyon, parle du rôle du *pieux*
cardinal dans ces temps de réédification sociale et religieuse
pour la restauration des sains principes :

« Ce qui nous touche de plus près, nous historiens ecclésiastiques,
» écrit Mgr Lyonnet, c'est que le cardinal, de l'aveu de tous les partis,
» a été un prélat pieux, zélé, attaché à ses devoirs. » Le Cardinal avait
pris pour devise cette sage maxime : « J'ai sincèrement voulu et cher-
» ché le bien. — *Zelatus sum bonum* ».

L'appréciation que vous portez, Monsieur, sur le rôle joué par
le cardinal Fesch pendant son ambassade de Rome, me paraît
sujette à controverse.

Je me borne à citer pour le moment quelques paragraphes de
votre article qui, en opposition flagrante avec les faits histo-
riques les mieux avérés, semblent se contredire eux-mêmes les
uns les autres :

« A défaut de qualités plus relevées, son oncle (le cardinal Fesch)
» avait du moins ce mérite d'être en ses mains un instrument tout à
» fait docile. »

. . . . « Le tact était en effet la qualité qui allait man-
» quer le plus au successeur de M. Cacault. »

« Fesch n'était dépourvu ni d'instruction ni de lumières. Il avait une
» assez grande capacité de travail. Il était doué d'une persistance con-
» tenue dans ses idées, qui par malheur approchait un peu de l'obsti-
» nation et revêtait ordinairement les formes du plus insupportable
» orgueil. »

Quelles heureuses dispositions pour un instrument docile !
Mais poursuivons :

« La négociation (à propos de certaines questions relatives au sacre),
» sur les conseils de l'abbé Bernier, fut remise tout entière à Rome
» même aux mains du cardinal Fesch, qui ne manqua pas d'y employer
» toute l'ardeur de son zèle et l'impétuosité de son caractère ; mais
» l'usage qu'il fit de ses pleins pouvoirs n'était pas toujours heureux. »

« Le cardinal Fesch, animé d'ailleurs des meilleures intentions envers
» le saint-siége (lui l'instrument docile de Napoléon !!!), mais tout à

» fait déconcerté par le sang-froid et la douceur de ceux auxquels il
» avait affaire, brouillant tout, envenimant tout et se laissant aller par-
» fois aux plus étranges emportements. »

Pour toute réponse à ces assertions peu fondées je me bornerai
à citer ici deux mandements et une lettre du vénérable pontife
Pie VII :

« A Lyon, nous fûmes reçus par notre vénérable frère le cardinal
» Fesch, dont la généreuse munificence, les soins empressés et les bons
» offices de tout genre sont au-dessus de toute expression. »

. . . . . . « Notre vénérable frère le cardinal Fesch, archevêque de
» Lyon, nous a reçus une seconde fois avec le déploiement d'une ma-
» gnificence inouïe. Nous saisissons avec plaisir cette occasion de lui
» témoigner hautement notre reconnaissance. »

Lettre de Pie VII à S. M. l'Empereur :

« Votre Majesté ne pouvait rien faire de plus agréable pour nous
» que de confier au cardinal de Lyon le soin de traiter tous les diffé-
» rents objets relatifs à l'exécution du concordat italien. »
» La science et la religion de ce digne ecclésiastique nous inspirent
» la plus grande confiance pour une bonne issue. »

Je finis, Monsieur, cette trop longue lettre, en rappelant deux
de ces circonstances qui marquent dans la vie d'un personnage :

« Lorsque le colosse est tombé, s'écrie Mgr Lyonnet, le Cardinal n'a
» pas été écrasé dans sa chute. Il a gardé dans l'exil une attitude noble,
» mâle, vigoureuse, il a soutenu le malheur comme d'autres soutien-
» nent la fortune. »

A la mort de Pie VII, le cardinal Fesch fait partie de la Com-
mission qui gouverne Rome pendant la vacance du siége ponti-
fical.

Veuillez agréer, Monsieur, l'assurance des sentiments de
considération avec lesquels j'ai l'honneur d'être,

Dr PROSPER DE PIETRA-SANTA,

Paris, ce 15 mars 1867.

Paris.— Imp. Félix Malteste et Cie, rue des Deux-Portes-St-Sauveur, 22.